Ulrike Welker

Karl.
Barth entdecken

Neukirchener Verlagshaus

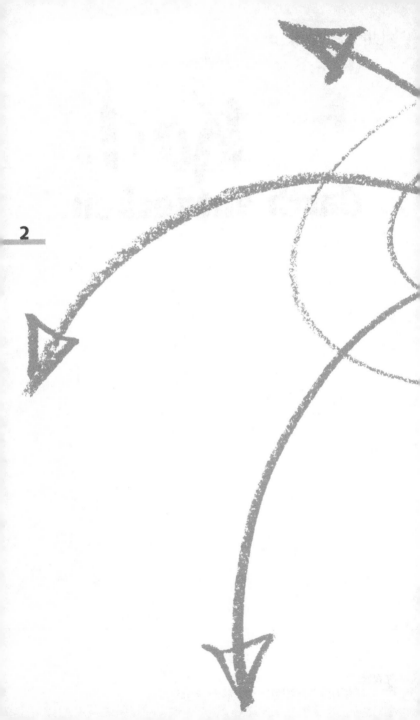

Dies...

...ist ein Buch über Karl.

Mit vollem Namen
heißt er Karl Barth.
Karl war ein beeindruckender Mensch
und ein großer Theologe.
Er wurde weltberühmt. Viele halten ihn
für den bedeutendsten Theologen des
20. Jahrhunderts.

Warum Karl
so berühmt wurde
und als Genie gilt -   das werdet ihr gleich sehen.

4

Blick auf das Spalentor in Basel

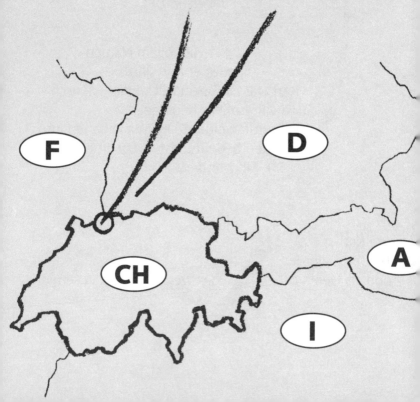

Karl wurde in der Schweiz geboren, und zwar in der Stadt Basel in der Grellingerstraße 42. Früh gegen fünf Uhr kam er zur Welt. Es war der 10. Mai des Jahres 1886.

1886 war ein aufregendes Jahr. Es war das Jahr, in dem der erste Mercedes gebaut wurde. Dieser Mercedes sah nicht gerade aus wie ein Mercedes. Er sah eigentlich gar nicht wie ein Auto aus, sondern eher wie ein Pferdewagen auf drei Rädern. Er fuhr sensationelle 15 Kilometer in der Stunde!

1886 war auch das Jahr, in dem ein Apotheker in Amerika die erste Coca-Cola mixte. Und in New York wurde die Freiheitsstatue errichtet!

Freiheitsstatue, New York, Foto von 1894

Karl und seine Mutter

Karls Großmutter
Johanna Sartorius

Karls Großvater
Karl Achilles Sartorius

Karl hatte energische Großmütter. Leider starb die eine bald nach Karls Geburt. Aber die andere interessierte sich immer für das, was ihr Enkel Karl dachte, schrieb und in der Welt bewegte. Seine Großväter waren beide Pfarrer. Die Fotos zeigen die Großeltern alle mit Kopfbedeckungen: Die Großväter tragen Kappen, die Großmütter Hauben. Offenbar war das damals Mode. Vielleicht, weil noch nicht so gut geheizt werden konnte.

Karl und sein Vater

Karls Großvater
Franz Albert Barth

Karls Großmutter
Sara Barth

Karls Vater war ebenfalls Pfarrer. Er wurde aber, als Karl vier Jahre alt war, Professor in Bern. Hier verbrachte Karl seine weitere Kindheit, im Kreise von zwei Brüdern und zwei Schwestern. Von seiner Mutter lernte er viele Kinderlieder, die ihm sehr gefielen.

Nach allem, was wir wissen, waren seine Eltern ziemlich streng. Als Karl älter wurde, hatte er eine Reihe von Konflikten mit seinem Vater. Aber in seinen frühen Jahren galt Karl als lieber Junge und guter Sohn.

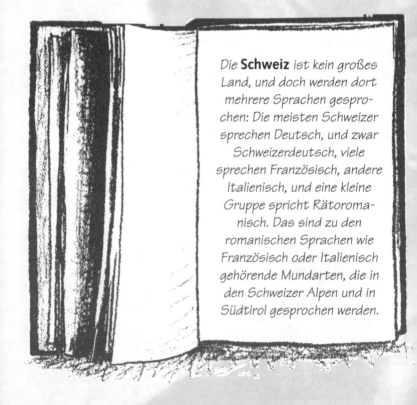

Die **Schweiz** ist kein großes Land, und doch werden dort mehrere Sprachen gesprochen: Die meisten Schweizer sprechen Deutsch, und zwar Schweizerdeutsch, viele sprechen Französisch, andere Italienisch, und eine kleine Gruppe spricht Rätoromanisch. Das sind zu den romanischen Sprachen wie Französisch oder Italienisch gehörende Mundarten, die in den Schweizer Alpen und in Südtirol gesprochen werden.

Karl war natürlich der Sohn seiner Eltern, aber in einem weiteren Sinne war er auch der Sohn seines Landes, ein Sohn der **Schweiz**. Sein Leben lang sprach er schweizerdeutsche Mundart. Manche Deutsche, mit denen er zu tun hatte, fanden das komisch. Manche hatten Schwierigkeiten, Karl zu verstehen.

Die Schweiz hat einige sehr gute Theologen hervorgebracht. Karl war einer von ihnen. Er dachte ständig über **Gott** nach und schrieb seine Einsichten auf. Andere Menschen lernten davon. So wurde Karl ein berühmter Theologe.

Doch was ist - ein Theologe?

10 **E**in **Theologe** weiß etwas über **GOTT**.

Ein guter Theologe weiß viel über **GOTT**.
Manche Leute denken: Jeder weiß doch über **GOTT**
Bescheid.
Andere denken: Niemand weiß über **GOTT** Bescheid.
Manche Leute haben falsche Vorstellungen von **GOTT**.
Andere verwechseln **GOTT** mit dem Weihnachtsmann,
mit Boris Becker oder mit Michael Jackson.
Manche Leute denken: Es ist nicht nötig, über **GOTT**
Bescheid zu wissen.
Andere meinen: **GOTT** ist langweilig.
Die meisten Menschen haben also ziemlich unklare
Vorstellungen von **GOTT**.

Deshalb brauchen wir Theologen wie Karl!

Karl wusste eine Menge über **GOTT**.
Er zeigte, warum **GOTT** alles andere als langweilig ist.
Er zeigte das durch sein tapferes Leben und durch seine
Schriften und Bücher, die in viele Sprachen übersetzt
und in der ganzen Welt verbreitet wurden. Karl machte
klar, wie wichtig **GOTT** für die Menschen ist und wie
faszinierend **GOTT** ist.

Das alte griechische Wort **theós** bedeutet **Gott**, **lógos** bedeutet **Wort, Rede, Lehre**. Das heißt, ein Theologe oder eine Theologin redet von Gott, Theologen lehren über Gott.

Karl schrieb gern, und zwar schon als Kind, als er noch "Karli" genannt wurde. Er schrieb viele Briefe, am liebsten aber spannende Theaterstücke. In den meisten ging es um Kampf und Freiheit. Um Freiheit für alle und um den Kampf gegen die wenigen, die diese Freiheit für alle nicht wollten. Eins dieser Theaterstücke hatte Karlis erste Liebe zum Thema. Es war traurig und romantisch.
Eines Tages überraschte Karli seine Eltern damit, dass er alle seine Stücke zu "Karl Barths Gesammelten Werken" zusammengefasst hatte.

Karli verbrachte aber nicht nur viel Zeit mit Schreiben, er kämpfte auch gern mit seinen Freunden. Sehr gern spielte er mit Soldaten. Er liebte Kriegsspiele, Revolutionen und Aufstand. Er liebte alles, was andere in Angst und Schrecken versetzte. Einmal bastelten sein Bruder Peter und er ein großes Skelett aus Pappe mit einem gruseligen Totenkopf. In der Nacht zogen sie es auf das Dach des Hauses. Mit Schnüren setzten sie das Skelett in Bewegung. Die Nachbarn sahen, wie es auf dem Dach tanzte. Sie bekamen einen fürchterlichen Schreck.

Karl, 1902

Eine **Studentenverbindung** ist so etwas wie ein Verein von Studenten. Die Studenten tragen Kappen auf dem Kopf und ein buntes Band über der Brust. Die Farben zeigen, zu welcher **Burschenschaft** sie gehören. Sie treffen sich regelmäßig, diskutieren, lachen und singen viel. Zu Karls Zeiten waren die meisten Studenten Mitglied in einer solchen Verbindung. In diesen Burschenschaften trafen sie nicht nur ihre Freunde, sondern auch so genannte Alte Herren. Das waren ältere Mitglieder, die zu ihrer Studentenzeit der Verbindung angehört hatten und inzwischen gute Positionen in der Gesellschaft einnahmen. Über die Alten Herren bekamen die Studenten Kontakte, die ihnen im Leben nützen konnten. Leider muss auch gesagt werden, dass die meisten Burschenschaftler sehr viel Bier aus großen Krügen tranken.

Doch Karl war auch an ernsten Dingen interessiert. Besonders gefiel ihm der Konfirmandenunterricht. Er hatte einen Pfarrer, der ihn begeisterte. Schließlich fand Karl alles, was es über **Gott** zu erfahren gab, so spannend, dass er Theologe werden wollte. Zur Schule dagegen ging er gar nicht gern.

Nach dem Abitur 1904 begann Karl mit dem Theologiestudium in Bern. Doch auch an der Universität gefiel es ihm nicht. Er langweilte sich. Da er nicht sehr eifrig studierte, hatte er viel Zeit für die **Studentenverbindung**. Trotzdem bestand er ein Examen, das ihm die Möglichkeit bot, im Ausland zu studieren. Karl freute sich sehr darüber. Er wollte seine Studien gern in Marburg in Deutschland fortsetzen. Denn dort wurden moderne Theologien gelehrt. Aber - sein Vater war dagegen. Er wollte einfach nicht, dass sein Sohn Theologien studierte, die vielleicht sogar revolutionär waren. Schließlich fanden beide einen Kompromiss. Karl durfte sich an der Universität von Berlin einschreiben, die sein Vater als nicht zu modern und revolutionär ansah.

1906 kam Karl als Student nach *Berlin*. Berlin, die Hauptstadt Deutschlands, hatte alles, was man sich von einer Stadt wünschen kann - außer Wolkenkratzern. Aber das war damals nichts Ungewöhnliches, denn selbst New Yorks höchstes Gebäude besaß nur 22 Stockwerke. In Berlin gab es großartige Straßen und Plätze und Parks und Schlösser und Museen und Theater und eine Oper und einen Zoo. Karl hätte sich also in das reiche kulturelle Leben stürzen können. Doch daran lag ihm nichts, denn seine Zeit war ganz mit dem Studium ausgefüllt. Endlich hatte er beeindruckende Professoren gefunden, große Gelehrte in der Theologie! Er bewunderte sie und versuchte, so viel zu lernen wie irgend möglich. Er hörte die Vorlesungen der Professoren und machte sich viele Notizen. Er las und schrieb und dachte nach. In Berlin wurde er ein sehr guter Student der Theologie.

Leider ging die anregende Zeit in Berlin viel zu schnell vorüber, und Karl musste nach *Bern* zurückkehren. Da es ihm dort wieder nicht gefiel, engagierte er sich wie zuvor in der Verbindung und wurde sogar deren Präsident. Das hat ihm vermutlich großen Spaß gemacht. Denn es bedeutete ja, viel zu schreiben und viel zu sprechen.

Doch sein Vater war damit nicht einverstanden. Er beschloss, seinen Sohn wieder an einen Ort zu schicken, wo er ordentlich studieren würde. Das war die Universität Tübingen in Deutschland.

Tübingen ist eine kleine schwäbische Stadt in der Nähe von Stuttgart. Dort gibt es viele winklige Straßen, krumme alte Häuser und einen berühmten Turm am Neckar. Stadt und Fluss sehen von der Brücke her sehr romantisch aus, besonders wenn die Studenten auf Stocherkähnen auf dem Neckar fahren.

Als Karl nach Tübingen kam, kaufte er sich erst einmal eine große Pfeife. Eine wirklich große Pfeife, über einen Meter lang, mit einem Pfeifenkopf aus Porzellan. Damals rauchten viele Studenten solche Pfeifen. Und Karl rauchte und schrieb den ganzen Tag lang. Allerdings wusste er nicht, dass Rauchen gefährlich ist - das wurde erst viel später herausgefunden. Nachdem Karl viele Tage geschrieben und geraucht hatte, war seine Examensarbeit fertig. Eine Arbeit von über hundert Seiten über Christi Höllenfahrt. Nun denkt ihr vielleicht: "Niemand weiß, was Christus in der Hölle getan hat." Viele wissen das ganz sicher nicht. Aber Karl begeisterte sich für dieses Thema und fand offenbar viel darüber heraus.

Da Karl so fleißig war und so viel geschrieben hatte, gab sein Vater schließlich seinen Widerstand auf und ließ Karl doch noch in *Marburg* studieren. Das gefiel Karl sehr. Besonders viel lernte er von einem Professor, der Wilhelm Herrmann hieß.

18 Jetzt werdet ihr denken: Nachdem Karl so viel studiert und sogar mehr als hundert Seiten über Christi Höllenfahrt geschrieben hatte, würde er einen guten Arbeitsplatz finden und ein angenehmes Leben führen können. Aber auch damals war das nicht so einfach. Karl bekam nur einen Aushilfsjob in Marburg. Er half bei der Veröffentlichung einer theologischen Zeitschrift. Diese Zeitschrift hieß "Christliche Welt".

In dieser Zeit in Marburg schloss Karl Freundschaft mit zwei anderen Theologen: *Eduard Thurneysen* und *Rudolf Bultmann*. Eduard wurde sein engster Freund. Die Freundschaft hielt über sechzig Jahre bis zu Karls Tod! Stellt euch das vor! Karl und Eduard schrieben sich viele Briefe. Sie schrieben sogar Bücher zusammen.

Die andere Freundschaft war komplizierter. Rudolf wurde auch ein weltberühmter Theologe. Eine Zeitlang waren er und Karl ziemlich gute Freunde. Sie kämpften sogar gemeinsam gegen Hitler und dessen Anhänger und all die Übel, die diese über Deutschland und Europa brachten. Ihr werdet gleich genauer darüber lesen. Aber später fingen die beiden Freunde an, sich zu streiten. Der eine konnte die Theologie des anderen nicht ausstehen. Sie dachten, was der andere über Gott sagte, sei nicht richtig, seltsam oder langweilig.

Als Karl alt war, charakte-
risierte er ihre Freundschaft
in einem Brief an Rudolf so:
"Wissen Sie, wie ich Sie und
mich und unsere Freundschaft
sehe? Ich sehe uns als Wal und als
Elefant. Der Wal und der Elefant treffen sich an einem
Ufer und wollen miteinander reden. Auf der einen Seite
ist der Elefant. Er winkt freundlich mit seinem Rüssel.
Auf der anderen Seite ist der Wal und schießt einen
Wasserstrahl hoch in die Luft. Aber es geht einfach nicht.
Sie können nicht zusammenkommen. Sie können sich
nicht verständigen."

Nelly Hoffmann, 1906

20 Von Marburg aus ging Karl zurück in die Schweiz. Er wurde Hilfsprediger in der großen Stadt Genf. In Genf traf Karl *Nelly Hoffmann*. Nelly war ein sehr schönes Mädchen. Karl und Nelly, Nelly und Karl verliebten sich ineinander und verlobten sich. Als Karl seine erste Pfarrstelle bekam, heirateten sie. Karl wurde Pfarrer in Safenwil, einem Dorf im Norden der Schweiz. Zu der Zeit befand sich das Dorf im Umbruch. Es wurde industrialisiert. Viele Leute mussten ihre Bauernhöfe verlassen und in der Industrie arbeiten. Die reichen Fabrikbesitzer bezahlten ihnen sehr wenig Geld. Deshalb waren die Familien ganz arm. Das war eine schwierige Situation, die viele Krisen und Probleme mit sich brachte. Karl musste sich mit diesen Krisen und Problemen und der so genannten "sozialen Frage" beschäftigen. Es war für Karl selbstverständlich, sich nicht für die Fabrikbesitzer, sondern für die Arbeiter einzusetzen. Er kämpfte für ihre Rechte. Er hielt engagierte Reden. Er organisierte wechselseitige Hilfe. Vielen gefiel das nicht. Sie behaupteten, Karl wolle den **Sozialismus** in die Kirche holen. Sie nannten ihn den "**roten** Pfarrer von Safenwil".

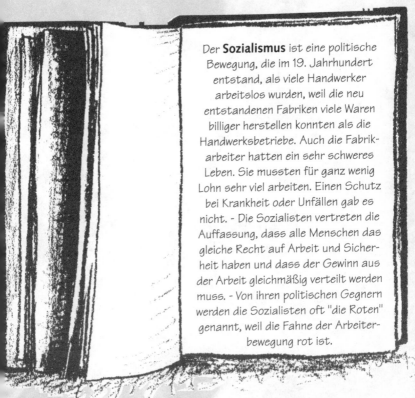

Der **Sozialismus** ist eine politische
Bewegung, die im 19. Jahrhundert
entstand, als viele Handwerker
arbeitslos wurden, weil die neu
entstandenen Fabriken viele Waren
billiger herstellen konnten als die
Handwerksbetriebe. Auch die Fabrik-
arbeiter hatten ein sehr schweres
Leben. Sie mussten für ganz wenig
Lohn sehr viel arbeiten. Einen Schutz
bei Krankheit oder Unfällen gab es
nicht. - Die Sozialisten vertreten die
Auffassung, dass alle Menschen das
gleiche Recht auf Arbeit und Sicher-
heit haben und dass der Gewinn aus
der Arbeit gleichmäßig verteilt werden
muss. - Von ihren politischen Gegnern
werden die Sozialisten oft "die Roten"
genannt, weil die Fahne der Arbeiter-
bewegung rot ist.

Im Verlauf von gut zehn Jahren bekamen Nelly und Karl fünf Kinder. Die Tochter Franziska und die Söhne Markus, Christoph, Matthias und Hans Jakob. Leider starb Matthias schon mit 20 Jahren, als er in den Bergen kletterte und dabei abstürzte.

Die Familie im Frühjahr 1930

1914 begann Deutschland den Ersten Weltkrieg. Das war furchtbar. Mindestens 10 Millionen Menschen kamen in diesem Krieg um, und es gab über 21 Millionen Verletzte. Karl war in seinem Dorf in der Schweiz weit weg von all dem Kriegsgeschehen. Aber er las natürlich in der Zeitung über die furchtbaren Ereignisse. Deutschland beschuldigte die anderen Länder, den Krieg verursacht zu haben. Doch das war nicht wahr. Karl war besonders schockiert, dass viele seiner ehemaligen Professoren, die er so verehrte, Deutschlands Kaiser unterstützten. Dabei hatte der Kaiser doch den Krieg begonnen! Später nannte Karl dieses Schockerlebnis die **Götzendämmerung** - den Niedergang der Götzen, der falschen Götter. "Götzendämmerung" - das bedeutete, dass Karl nicht länger zu seinen Lehrern wie zu Göttern aufsehen konnte. Sie waren für ihn nun nur noch Menschen - mit großen Fehlern. Die "Götzen-dämmerung" war eine wichtige Erfahrung für Karl. Es war wichtig zu lernen, dass auch die besten Lehrer nur Men-schen sind und große Fehler machen können. Besonders wichtig war das für einen Theologen.

Nach der Mobilmachung 1914:
Soldaten auf dem Weg
zum Bahnhof

Nach diesem großen Schock untersuchte Karl noch einmal die Theologie seiner Lehrer. Er fand nun viele Fehler in ihren Büchern und in ihren Schriften. So beschloss er: Wir brauchen eine neue Theologie! Er diskutierte diese Idee mit seinem Freund Eduard. Auf langen Wanderungen über Bergwiesen sprachen sie darüber und fragten sich: Wie bekommen wir eine neue und bessere Theologie? Schließlich kamen sie zu dem Entschluss, sich auf die Bibel zu konzentrieren und die Bibel genauer zu lesen, sorgfältiger als ihre Lehrer.

Karl interessierte sich besonders für einen bestimmten Teil der Bibel, genauer gesagt für einen Teil des Neuen Testaments, nämlich den Brief des Paulus an die Römer. Dieser Text enthält viele gute Gedanken über **Gott**, aber er ist besonders schwer zu lesen. Karl begeisterte sich so sehr für diesen Brief des Paulus an die Römer, dass er beschloss, ein Buch darüber zu schreiben. Aber ehe dieses Buch fertig war, geschah etwas, was Karl über Nacht berühmt machte.

DER BRIEF DES PAULUS AN DIE RÖMER

Die Gottlosigkeit der Heiden

[18] Denn Gottes Zorn wird vom Himmel her offenbart über alles gottlose Wesen und alle Ungerechtigkeit der Menschen, die die Wahrheit durch Ungerechtigkeit niederhalten.

[19] Denn [a]was man von Gott erkennen kann, ist unter ihnen offenbar; denn Gott hat es ihnen offenbart. *a Apg 14,15-17; 17,24-28*

[20] Denn Gottes unsichtbares Wesen, das ist seine ewige Kraft und Gottheit, wird seit der Schöpfung der Welt ersehen [a]aus seinen Werken, wenn man sie wahrnimmt, so daß sie keine Entschuldigung haben.
a Ps 19,2; Hebr 11,3

[21] Denn obwohl sie von Gott wußten, haben sie ihn nicht als Gott gepriesen noch ihm gedankt, sondern sind dem Nichtigen verfallen in ihren Gedanken, und [a]ihr unverständiges Herz ist verfinstert. *a Eph 4,18*

[22] Da sie sich für Weise hielten, sind sie zu [a]Narren geworden *a 1.Kor 1,20*

[23] und haben die Herrlichkeit des unvergänglichen Gottes vertauscht mit einem Bild gleich dem eines vergänglichen Menschen und der Vögel und der vierfüßigen und der kriechenden Tiere.[a]
a 2.Mose 20,4; 5.Mose 4,15-19; Ps 106; Jer 2,11

[24] ¶ Darum hat Gott sie in den Begierden ihrer Herzen dahingegeben in die Unreinheit, so daß ihre Leiber durch sie selbst geschändet werden,[a] *a Apg 14,16*

[25] sie, die Gottes Wahrheit in Lüge verkehrt und das Geschöpf verehrt und ihm gedient haben statt dem Schöpfer, der gelobt ist in Ewigkeit. Amen.

26 Das Ereignis, das Karl berühmt machte, war eine kleine Konferenz in Deutschland, die 1919, im Jahr nach dem Ende des Ersten Weltkriegs, in Thüringen in dem Dorf Tambach stattfand. Beinahe hätte Karl gar keine Chance bekommen, dort einen Vortrag zu halten. Denn zunächst war ein berühmter Redner dazu eingeladen worden. Erst als der absagte, wurde der junge, noch unbekannte Pfarrer aus dem Schweizer Dorf Safenwil gebeten zu sprechen. Karl kam und hielt eine Rede, die alle restlos begeisterte. Er sprach über zwei Stunden lang, aber jeder dachte: Das war so faszinierend! Es war, als hätte es nur ein paar Minuten gedauert!

Was aber war an Karls Vortrag so faszinierend? Worüber redete er? Die Veranstalter der Konferenz hatten ihm geschrieben: Bitte, sprechen Sie darüber, was der Christ in der Gesellschaft tun soll. In der Zeit nach dem schrecklichen Krieg war ja alles in Unordnung. Alles schien durcheinander zu gehen und irgendwie chaotisch zu sein. Nichts war so, wie es sein sollte. Was also sollten Christen tun, um die Sache besser zu machen? Karls Antwort kam wie ein Schock. Die Christen sollten **zuerst auf Jesus Christus** blicken. Auf keinen Fall sollten sie zuerst voneinander die entscheidende Hilfe erwarten. Sie sollten nicht versuchen,

zuerst aus eigenen Kräften die Gesellschaft in Ordnung zu bringen und zuerst die Welt aus eigenen Kräften zu retten. Solche Versuche würden nur schief gehen. Die Christen sollten **zuerst auf Jesus Christus** blicken, sie sollten **zuerst** danach Ausschau halten, was **Gott** mit den Menschen tun will. Blicke nicht auf dich, und blicke nicht zuerst auf deine Mitmenschen. Blicke **zuerst** auf **Gott**! Diese Botschaft: **Gott zuerst!** war sehr kraftvoll. Karl wiederholte diese Botschaft immer wieder. **Gott zuerst! Zuerst Gott!** Natürlich wusste Karl, dass es nicht einfach ist, zuerst nach dem lebendigen Gott Ausschau zu halten. Er gab in seinem berühmten Vortrag sogar zu, dass das schwer sei. Fast unmöglich. Er sagte, es sei so schwer wie der Versuch, einen Vogel im Flug zu zeichnen.

Göttingen, 1919

Der Vortrag *Der Christ in der Gesellschaft*, den Karl auf
der Konferenz in Tambach hielt, machte ihn berühmt. Und
das Buch, das Karl über den Brief des Paulus an die Römer
schrieb, machte ihn noch berühmter. Viele Leute fanden dieses Buch großartig. Es gab aber auch andere, die das Buch
ablehnten. Manche dachten: Karl ist ein genialer Theologe.
Andere dachten: Dieses Buch hätte er nicht schreiben dür-
fen. Er hätte sich lieber auf sein Pfarramt und seine Gemeinde konzentrieren sollen. Es gab also eine große Auseinan-
dersetzung um dieses Buch.
Von der Universität *Göttingen* aber erhielt Karl einen Ruf.
Das hieß, dass er seine Schweizer Gemeinde verlassen und
in Deutschland Professor für Theologie an der Universität
Göttingen werden sollte. Das war natürlich eine große
Ehre für Karl. Karl, Nelly und die Kinder packten also ihre
Sachen und zogen im Jahr 1921 von der Schweiz nach
Deutschland.

In Göttingen besuchten viele Studenten Karls Vorlesungen, und sie fanden das, was er sagte, interessant und lasen sein Buch und hörten seine Predigten und dachten: Das ist eine spannende neue Theologie. Viele Pfarrer und viele Lehrer lasen Karls Schriften, und viele Leute, die an **Gott** interessiert waren und an Jesus Christus, lasen, was er geschrieben hatte. So wurde Karls Theologie immer stärker diskutiert. Manche dachten: Diese Theologie ist einfach großartig. Andere dachten: Nein, diese Theologie ist grundfalsch. Im Großen und Ganzen meinten aber immer mehr Leute, dass Karl Recht hatte und dass sie seinem Beispiel folgen sollten und ähnlich denken und reden und schreiben sollten. Bald fanden Karl und einige Freunde sich zusammen und starteten eine theologische Bewegung.

Eine **theologische Bewegung** entsteht, wenn mehrere Theologen zusammenkommen und erkennen, dass sie in neuer Weise über **Gott** reden müssen, dass sie in Frage stellen müssen, was die Leute bisher für wahr gehalten haben, dass sie zeigen wollen, dass es neue Wahrheiten über **Gott** gibt, und dass sich die Leute darauf konzentrieren sollten, **Gott** neu und besser kennen zu lernen.

Die Bewegung, die von Karl und seinen Freunden ausging, wurde **Neue Theologie** genannt
oder **Theologie der Krise**
oder **Theologie zwischen den Zeiten**
oder **Dialektische Theologie**.
Was immer diese Namen bedeuteten - es war eine mitreißende Bewegung, die frischen Wind und neues Licht in das Denken und Reden über **Gott** brachte. Karl engagierte sich in dieser Bewegung und liebte diese Bewegung und veröffentlichte viel und hielt viele Reden und Vorträge und wurde immer berühmter.

Das einzige Problem war, dass Karl viel zu viel arbeitete und nicht genug schlief und nicht genug Zeit hatte für die Kinder und für Nelly. Oft arbeitete er bis tief in die Nacht hinein. Einmal, in der Nacht von Sonnabend auf Sonntag, kamen zwei Studenten an Karls Haus vorbei. Es war schon nach Mitternacht. Die Studenten sahen, dass immer noch Licht in Karls Arbeitszimmer brannte. Sie klingelten. Karl kam an die Tür, und die Studenten sagten: "Herr Professor Barth, die Bibel sagt, du sollst den Feiertag heiligen!" Karl war nicht etwa beleidigt. Er antwortete nur: "Vielen Dank, meine Herren. Es ist nett, dass Sie mich darauf aufmerksam machen. Gute Nacht." Er drehte sich um, schaltete das Licht aus und ging ins Bett.

32 Da Karl so viel geschrieben und veröf-
fentlicht hatte und da
er ein so guter Lehrer
und Professor war,
versuchte die Univer-
sität von Münster im

Charlotte von Kirschbaum

Jahr 1925, ihn als Professor gewinnen. Karl erhielt einen
Ruf. Und weil *Münster* eine schöne Stadt ist und ihm das
Angebot gefiel, packte er seine Sachen und zog um. Nelly
und die Kinder folgten ihm einige Monate später.

In Münster lernte Karl eine junge Frau kennen, die von
seiner Theologie so fasziniert war, dass sie mit ihm zusam-
menarbeiten wollte. Sie hieß Charlotte von Kirschbaum.
Später wurde sie von Karl und ihren Freunden Lollo genannt. Lollo schrieb Briefe für Karl und tippte die Vorlesungen und las mit ihm und für ihn dicke Bücher und hatte viele Ideen, die Karl in seine Bücher aufnahm. Dadurch
wurde Karl noch produktiver und schrieb mehr und mehr.
Das wird ihm gefallen haben. Aber ihr fragt euch bestimmt, ob Nelly diese enge Zusammenarbeit von Karl
und Lollo wirklich gern gesehen hat. Und - was haben die
Kinder dazu gesagt?

Da Karl so viel geschrieben
und veröffentlicht hatte
und da er ein so guter Lehrer und Professor war, versuchte die Universität von *Bonn*
im Jahr 1930, ihn als Professor zu gewinnen. Karl erhielt einen Ruf. Und weil Bonn auch eine
schöne Stadt ist und ihm das Angebot gefiel, packten
Karl, Nelly, die Kinder und jetzt auch Lollo ihre Sachen
und zogen wieder um.

Nun hätte das alles immer so weitergehen können. Karl
hätte geschrieben und gelehrt. Vielleicht hätte bald wieder eine Universität versucht, ihn zu gewinnen. Und
Karl, Nelly, die Kinder und Lollo wären wieder umgezo-
gen. Aber es ging nicht so weiter. Es ging überhaupt
nichts weiter. Genauer: Es ging alles bergab, steil bergab.

1933 ergriff Adolf Hitler in Deutschland die Macht. Hitler und seine Partei, die **NSDAP**, gewannen die Wahlen in Deutschland.

NSDAP *bedeutet: Nationalsozialistische Deutsche Arbeiterpartei. Die Mitglieder hießen Nationalsozialisten, kurz Nazis. Die Bewegung war extrem nationalistisch, d.h. sie hatte ein starkes, übersteigertes Nationalbewusstsein und sah verächtlich auf alle anderen Nationen herab. Sie war imperialistisch, d.h. sie wollte den Machtbereich des Staates ausdehnen über die Grenzen des Landes hinaus. Und das war natürlich nur mit Gewalt zu erreichen. Sie war rassistisch, d.h. die Nazis waren der Auffassung, die verschiedenen Rassen hätten unterschiedlichen Wert. Sie selbst zählten sich selbstverständlich zur besten Rasse, der so genannten "Herrenrasse", und hetzten die Menschen gegen Angehörige anderer Rassen, Völker und Religionen auf. Bei den Nazis ging das so weit, dass sie sie verfolgten und umbrachten - insbesondere Millionen von jüdischen Menschen. Unter Hitler wurde aus der Demokratie ein Einparteien- und Führerstaat, eine Diktatur.*

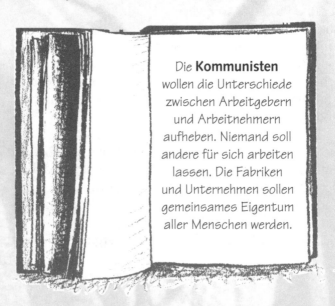

Die **Kommunisten** wollen die Unterschiede zwischen Arbeitgebern und Arbeitnehmern aufheben. Niemand soll andere für sich arbeiten lassen. Die Fabriken und Unternehmen sollen gemeinsames Eigentum aller Menschen werden.

Konzentrationslager Buchenwald bei Weimar

In Deutschland standen die Dinge sehr schlimm, zum Teil deswegen, weil Deutschland riesige Zahlungen an die Länder leisten musste, gegen die es im Ersten Weltkrieg gekämpft und verloren hatte. Diese so genannten "Reparationen" sollten die Verluste ausgleichen, die die Kriegsgegner damals erlitten hatten. Die Arbeitslosigkeit war horrend, und in den Großstädten gab es viele Gewaltausbrüche. Die **Kommunisten** wurden immer stärker.

Hitler und die nationalsozialistische Partei versprachen Arbeit für jeden. Sie versprachen, die Straßen wieder sicher zu machen. Sie versprachen, die Kommunisten in Schach zu halten. Sie versprachen, Deutschland wieder in Ordnung zu bringen. Sie versprachen, Deutschland wieder zu einem großen und anerkannten Land zu machen. Viele Leute glaubten ihnen. So kam Hitler in Deutschland an die Macht. Die Nazis nannten Hitler "den Führer". Sie verlangten, dass jeder das tat. Sie führten einen neuen Gruß ein. Statt "Guten Tag!" oder "Grüß Gott!" hieß es jetzt: "Heil Hitler!" Jeder sollte den rechten Arm mit ausgestreckter Hand heben und andere mit diesen Worten grüßen. Hitler und seine Anhänger, deren Zahl von Tag zu Tag wuchs, gingen immer brutaler vor gegen die Kommunisten, gegen die Sozialisten, gegen die Juden und gegen viele andere Personen und Gruppen. Später errichteten sie *Konzentrationslager*, in denen sie Millionen von Menschen ermordeten, darunter 6 Millionen Juden. 1939 begannen sie den Zweiten Weltkrieg und brachten unendliches Leid über die ganze Welt.

Propaganda machen heißt, dass man bestimmte Ideen mit Hilfe der Medien - damals unter Hitler waren das vor allem die Zeitung und, relativ neu, das Radio - intensiv verbreitet, um die politischen Vorstellungen der Menschen massiv zu beeinflussen.

1933 sahen nicht viele Menschen, wie schlimm Hitler und die Nazis wirklich waren.

Manche dachten: Sie werden einige der Probleme lösen, wie sie versprochen haben, und dann können wir immer noch eine andere Partei wählen. Andere dachten: Sie werden schon vernünftiger werden, wenn sie erst einmal an der Macht sind. Wieder andere dachten: Sie sind zumindest besser als die Kommunisten.

So fanden viele Leute Gründe oder doch Entschuldigungen, um die Nazis zu unterstützen, zumindest stillschweigend. Auch wenn sie Hitler und seine Gefolgschaft nicht leiden konnten. Viele waren aber auch einfach fasziniert von der **Propaganda**, die u. a. versprach, Deutschland wieder zu einem großen, angesehenen Land zu machen.

Karl gehörte zu denen, die sofort sahen, dass das, was da in der Politik passierte, vollkommen falsch und verdorben war. Er sah, dass Hitler und seine Anhänger böse und menschenverachtend waren. Er sah, dass sie und alle die, die ihnen vertrauten, **Gott** und den Führer, **Gott** und das

deutsche Volk, **Gottes** Willen und den Willen der Menschen
verwechselten. Er wusste, dass ihr Glaube an einen Führer,
an ein Land und an eine Rasse zutiefst falsch war. **Gott**
wollte das nicht. Karl konnte diesem Glauben deshalb
auch nicht zustimmen.

Karl beschloss, nicht "Heil Hitler!" zu sagen und beim
Grüßen nicht den rechten Arm zu heben, und er glaubte
nicht an all die Versprechungen von Hitler und den Nazis.
Er beschloss, gegen das, was geschah, anzuschreiben und
anzusprechen, so gut er konnte. Die Nazis gingen geschickt vor. Sie zeigten am Anfang nicht ihre ganze Brutalität. Leider hatten sie auch in mancher Hinsicht Erfolg, der
ihre Macht festigte. Vor allem gelang es ihnen, vielen
Menschen Arbeit zu beschaffen. So begannen immer mehr
Leute, ihnen zu vertrauen, und immer weniger Leute
glaubten denen, die voraussagten, dass die neue Politik
sich furchtbar auswirken würde. Einige Leute nannten Karl
nun abwertend "den Schweizer". Einige nannten ihn verächtlich "den Sozialisten".

Obwohl immer noch viele Leute seine Bücher und Artikel
lasen und ihm Recht gaben, lasen doch viel mehr die Nazi-
Schriften und deren Propaganda und gaben den Nazis
Recht. Selbst einige von Karls Studenten und Freunden
wurden unsicher und meinten, hier und da gute Aspekte
in der Nazi-Bewegung und in der Partei zu sehen. Im
ganzen Land schlossen sich immer mehr Menschen dieser
Partei an, und immer mehr Christen nannten sich "Deutsche Christen". Sie missachteten Karls große Einsicht:
Blicke **zuerst** auf **Gott** und auf Jesus Christus. Wenn du
das beachtest, kannst du gar nicht die Christen, die zufäl-
lig in Deutschland leben, "Deutsche Christen" nennen.
Deutschland zuerst? Das hieße ja, dass das Land wichtiger
wird als **Gott**, und das ist absolut falsch.

Aber es gab auch Menschen, die Widerstand dagegen leisteten, wie die Nazis mit dem Glauben und mit der Kirche umgingen. Sie gründeten eine Bewegung gegen die "Deutschen Christen" und das Vorhaben vieler Nazis, schließlich die Kirche ganz aufzulösen. Diese Bewegung nannte sich "Bekennende Kirche". Karl wurde einer ihrer wichtigsten Vertreter. Die "Bekennende Kirche" hielt 1934 ein Treffen in Barmen/Wuppertal ab, das berühmt wurde. Die Teilnehmer an dieser Zusammenkunft schrieben eine Erklärung, die **Barmer Theologische Erklärung**.

Diese Barmer Erklärung ist auch heute noch berühmt und wird es immer bleiben unter den Menschen, die an Gott glauben. Denn diese Erklärung rückt die Dinge ins richtige Licht.

Die Barmer Erklärung sagt: Jesus Christus, wie er uns in der Heiligen Schrift bezeugt wird, ist das eine Wort Gottes, dem wir im Leben und im Sterben zu vertrauen und zu gehorchen haben.

Jesus Christus - nicht ein Führer oder eine Partei oder andere Menschen. **Zuerst** höre auf **Gott** und auf Christus. Immer wieder und immer wieder. Wie ihr seht, hat die "Bekennende Kirche" wirklich tüchtig von Karls Theologie gelernt.

Die Barmer Theologische Erklärung versetzte der national-sozialistischen Propaganda einen harten Schlag. Die Aussagen über die Aufgaben der Kirche und den Anspruch des Staates waren deutlich.

Trotzdem kam es nach einiger Zeit selbst unter den Mitgliedern der "Bekennenden Kirche" zu Konflikten: Einige wollten sich sehr scharf gegen die "Deutschen Christen" abgrenzen. Andere wollten keine so scharfe Abgrenzung vollziehen. Und einige wollten am liebsten beides, "Deutsche Christen" sein und der "Bekennenden Kirche" angehören.

(handschriftlicher Text – Urfassung der „Barmer Erklärung", nicht lesbar)

Urfassung der „Barmer Erklärung"

Als Karl das alles sah, wurde er ärgerlich und sehr traurig. Manchmal fühlte er sich ganz allein. Das war die Stunde für Hitler und seine Anhänger, um gegen Karl vorzugehen. Sie beschlossen, Karl zu entlassen. Ein großer Theologe, ehrlich und mutig - einfach hinausgeworfen, stellt euch das vor! Karl aber war kein Feigling. Er nahm sich einen Anwalt und ging vor Gericht und klagte gegen die, die ihn hinausgeworfen hatten. Er gewann sogar. Trotzdem wurde er 1935 in den vorzeitigen Ruhestand versetzt - mit noch nicht fünfzig Jahren! Gott sei Dank bot ihm die Universität von Basel in der Schweiz drei Tage später eine Professur an. Das war sehr gut. Denn es ist nicht auszuschließen, dass die Nazis Karl wie so viele andere ihrer Gegner ermordet hätten.

40 Drei Jahre später, 1938, wurden alle Bücher und Artikel, die Karl geschrieben hatte, in Deutschland verboten. Niemand durfte seine Schriften mehr verkaufen. Niemand durfte sie mehr kaufen. Und niemand durfte sie mehr lesen. Karl wurde zum Feind Deutschlands erklärt. Dieser Feind aber lebte nun mit Nelly, den Kindern und Lollo in Basel. Nicht ganz so ruhig, wie man glauben könnte, denn Karls scharfe Äußerungen über Deutschland waren vielen Schweizern nicht recht, die mit dem mächtigen Nachbarland im Norden auskommen wollten.

Karl unterrichtete weiter die Studenten. Allerdings waren es nicht mehr so viele wie in Bonn. Dafür schrieb Karl mehr. Er schrieb mehr als je zuvor - ein großes Buch nach dem anderen. Wenn er nicht Vorlesung halten musste, packten er und Lollo einige Bücher, eine Schreibmaschine und Papier zusammen und fuhren zu einem kleinen Haus in den Bergen, das das "Bergli" genannt wurde. Dort saßen sie sich an einem Tisch gegenüber, wie ihr auf dem Foto seht, und arbeiteten an einem dicken Buch nach dem anderen.

Auf dem „Bergli" mit Lollo, 1929

Es ist einfach erstaunlich, wie viel Karl mit Lollos Hilfe schrieb. Und es ist erstaunlich, über wie viel interessante Sachen er schrieb. Karl schrieb dreizehn dicke Bücher. Manche hatten über tausend Seiten. Große Seiten, nicht nur kleine wie dieses Taschenbuch. Weil Karl die vielen Seiten gut nutzen wollte, ließ er vieles von dem, was er geschrieben hatte, in ganz kleinen Buchstaben setzen. Das las sich nicht gut. Aber so bekamen die Leser sehr viel Stoff zum Nachdenken. Alle diese dicken Bücher wurden in weißes Leinen gebunden und sahen zusammen im Bücherregal sehr eindrucksvoll aus. Karl nannte diese Bücher *Kirchliche Dogmatik*. Das heißt, dass sie das Wichtigste von dem enthielten, was die Kirche über Gott zu sagen hat. Einige von Karls Studenten, die von diesen Büchern ganz begeistert waren, nannten sie liebevoll "Moby Dick", den weißen Wal. Na ja, wenn wir uns Bücher vorstellen wie Fische im Wasser, dann ist Karls "Kirchliche Dogmatik" sicher ein großer, weißer Wal, sehr interessant, etwas fremd und ein bisschen Furcht erregend: ein Moby Dick eben.

42 Einige Leute pflegten zu sagen: Karl schreibt schneller, als wir lesen können! Aber die meisten seiner Leser waren sich darin einig, dass er großartige Sachen über **Gott** schrieb. Er schrieb über alles, was man von **Gott** wissen sollte. Er schrieb auch Sachen über **Gott**, die nicht jeden interessierten. Er schrieb über **Gott** und **Gottes** Wort, **Gottes** Willen und **Gottes** Absichten mit der Kirche und mit der Welt, mit uns und mit unserer Politik, mit unseren Eltern und unseren Kindern, mit unseren Nachbarn und unseren Freunden und unseren Feinden. Er schrieb über die Schöpfung und über die Sünde und über das Paradies und die Engel und über **Gottes** Gesetz und auch etwas über die Medizin und den Humor und die Musik. Er schrieb über Jesus und über das, was Jesus auf dieser Erde getan hat, warum er verfolgt und getötet wurde, warum er auferstand und was das heißt und warum viele Leute heute solche Schwierigkeiten haben, das zu verstehen. Er schrieb über die Zukunft der Welt und über unsere Hoffnung und unsere Ängste.

Nun werdet ihr vielleicht denken: "Karl schrieb wirklich alles auf, was er im Sinn hatte. Bestimmt wurde er schließlich müde, und sein Kopf war leer, weil er alles gesagt hatte, was er sagen wollte." Doch so war es nicht. Ganz im

Karl im Alter

Gegenteil. Er wollte in seiner "Kirchlichen Dogmatik" sogar noch viel mehr über **Gott** schreiben. Aber er wurde einfach zu alt. Er konnte nur noch langsam arbeiten. Dazu kam, dass Lollo sehr krank wurde. Als auch Karl erkrankte, musste er Schluss machen und Moby Dick ohne die mächtige Schwanzflosse lassen. Zwei oder drei oder sogar noch mehr Bücher blieben ungeschrieben. Das ist bedauerlich für die meisten von uns. Aber vielleicht ist es gut für Karls Studenten und für die Professoren und Professorinnen der Theologie und für viele Pfarrerinnen und Pfarrer und Lehrerinnen und Lehrer. Denn sie können jetzt darüber nachdenken, was Karl noch im Sinn gehabt haben könnte, aber nicht mehr aufschreiben konnte. Es gibt also noch mehr, was über **Gott** gesagt und geschrieben werden kann. Und das ist gut zu wissen.

Dr. theol. ist der **Doktortitel** für Theologie, Dr. med. für Medizin, Dr. theol. h.c. (h.c. heißt honoris causa und bedeutet ehrenhalber) ist der Ehrendoktortitel für Theologie

Alle diese Bücher und Schriften und besonders natürlich Moby Dick machten Karl weltberühmt. Hunderte und Tausende lasen seine Texte, und Hunderte und Tausende begannen über Karl zu schreiben, über seine vielen Gedanken und über seine wunderbare Theologie. Karl bekam Einladungen an alle möglichen Orte: Er solle kommen und den Leuten etwas über **Gott** sagen. Fotos von ihm und seinen Gastgebern würden in die Zeitung kommen. Heute wäre Karl vermutlich dauernd im Fernsehen. Aber das war damals noch nicht so verbreitet. Karl bekam auch viele **Ehrendoktortitel**. Normalerweise muss man ein wissenschaftliches Buch schreiben, um einen Doktortitel von einer Universität zu bekommen. Aber manche Leute, die ein besonders gutes Buch schreiben, bekommen einen Ehrendoktor dafür. Weil Karl so viele gute Bücher geschrieben hatte, bekam er viele Ehrendoktoren von vielen Universitäten.

Der Ehrendoktor wird immer in einer großen Zeremonie verliehen. Die meisten Ehrendoktoren bekommen einen Doktorhut, einen Talar und eine Urkunde. Sie werden vom Rektor oder Präsidenten der Universität begrüßt. Manchmal auch noch vom Bürgermeister. Karl erlebte viele solcher Zeremonien in verschiedenen Ländern. Er schüttelte viele Hände. Und wenn wir ihn auf den Bildern dabei lachen sehen, haben wir den Eindruck, dass ihm diese Feiern ganz gut gefallen haben.

46 Wie ihr euch vorstellen könnt, war Karl wirklich wütend, als die Deutschen ihn entließen und später seine Bücher in Deutschland nicht mehr verkauft und nicht mehr gelesen werden durften. Aber dann verloren die Deutschen den Krieg. Hitler brachte sich um. Viele seiner Anhänger waren im Krieg getötet worden. Einige kamen nach dem Krieg ins Gefängnis und wurden bestraft für das, was sie während der Nazi-Zeit getan hatten. Einige entzogen sich der Strafe, indem sie in ein anderes Land flohen oder unter falschem Namen weiterlebten. Andere kamen mit Scham, Angst und Schrecken davon. Was sollte man mit Deutschland tun?

Am Kriegsende lag Deutschland in Trümmern. Viele Menschen hatten sehr viel gelitten, und zwar sowohl die, die Hitler unterstützt hatten, als auch die, die Hitler gehasst hatten.

Ruinenfelder in Hamburg, 1945

Ausgebombte Menschen in Berlin, 1944

Karl beschloss, als Gastprofessor nach Deutschland zurückzugehen. Nicht auf Dauer, aber doch für kurze Zeit. Er wollte den Deutschen beim Neuanfang und beim Wiederaufbau helfen. In den Ruinen seiner früheren Universität in Bonn sprach er zu den Studenten. Viele von ihnen waren gerade aus dem Krieg zurückgekommen, in den man sie als 17-, 18- oder 19-Jährige geschickt hatte. Die meisten von ihnen brauchten eine neue Orientierung. Sie brauchten neue Werte und neue Ziele. Sie mussten wissen, wie wichtig es ist, **zuerst** auf **Gott** zu blicken, **zuerst** auf **Gott** zu vertrauen und nicht auf menschliche Führer, auf Länder, Parteien oder andere menschliche Kräfte. Deshalb waren sie Karl sehr dankbar.

*Radfahrer auf
Trümmerschutt um 1947*

*Zerstörungen in einer
deutschen Stadt, 1944*

Aber auch zu Hause in der Schweiz sprach Karl gern zu Menschen, die große Fehler gemacht oder sogar etwas verbrochen hatten. Von Zeit zu Zeit predigte er im Basler Gefängnis. Selbst an seinem 70. Geburtstag tat er das. Um die Gefangenen mit seinen Predigten wirklich zu erreichen, wollte er sie besser kennen lernen. Deshalb besuchte er sie sogar in ihren Gefängniszellen.

Karls Predigten waren sehr kraftvoll. Er konnte die Botschaften wirklich ganz deutlich machen. Ein Beispiel. Im Neuen Testament im Evangelium des Johannes, Kapitel 16, Vers 33 sagt Jesus: Ich habe die Welt überwunden. Karl zeigte klar, was das bedeutet:

- Ich, Jesus, habe die Welt überwunden.

Nicht du oder irgend jemand sonst. Wie klug und wie fromm er oder sie auch immer sein mag.

- Ich **habe** die Welt überwunden.

Nicht: Ich werde sie überwinden - irgendwann in der Zukunft, vielleicht, vielleicht auch nicht.

- Ich habe **die Welt** überwunden.

Das heißt in der Bibel: Ich habe die Mächte und Kräfte überwunden, die dich umgeben, die dich kontrollieren, die dich zum Teil unterstützen und stärken, die dich zum Teil schwächen und erschrecken und verderben und die schließlich zu deinem Tod führen. Ich, Jesus, habe alle diese Mächte überwunden und habe dir Kräfte gegeben, die durch und durch gut und lebensstärkend sind.

- Ich habe die Welt **überwunden**.

Das heißt: Ich hatte keine leichte Zeit und keinen leichten Weg auf dieser Welt. Ich musste viele Spannungen ertragen und Hass und Verfolgung durch die religiösen und politischen Führer. Und ich hatte so viel Mühen und Arbeit mit all dem Leiden und der Krankheit und sogar mit den Dämonen, die die Menschen zum Wahnsinn treiben. Es gab die vielen Lügen und die üble Nachrede über mich und das Misstrauen und den Hass und die Verfolgung von allen Seiten. Ich musste wirklich mit allen Arten von Leid und Krankheit und Qual und Ungerechtigkeit und Brutalität kämpfen. Aber ich habe gewonnen.

Auf diese Weise konnte Karl viel Klarheit in die Rede von **Gott** bringen. Das zeigt, dass er ein großer Theologe war.

Aber nicht nur die Deutschen und die Basler Gefängnis-
insassen brauchten Karls große theologische Einsichten.
1948 beschlossen viele christliche Kirchen der ganzen
Welt, sich in Amsterdam in den Niederlanden zu treffen.
Sie wollten aufräumen nach dem Krieg. Sie wollten eine
weltweite Einheit der Kirchen erlangen. Sie wollten ge-
meinsam nach Gerechtigkeit, Frieden und Wahrheit fragen und suchen. Da alles so im Chaos lag, beschlossen sie
nachzudenken und über das Thema "Die Unordnung der
Welt und Gottes Heilsplan" zu beraten.
Sie luden Karl ein, zu kommen und ihnen dabei zu helfen.
Karl kam, und er sah sofort, dass sie schon wieder auf
dem falschen Weg waren. Die Unordnung der Welt - und
Gottes Heilsplan! Inzwischen kennt ihr Karl und seine
Theologie gut genug, um zu wissen, was falsch war. Die
Kirchen wollten wieder einmal zuerst auf die Welt und
ihre Probleme sehen und sich erst dann, irgendwie und irgendwann, auf **Gott** und **Gottes** Plan mit der Welt konzentrieren! Karl musste das in Ordnung bringen: Sieh
nicht zuerst auf dich, sieh nicht zuerst auf deine Mitmenschen, sieh nicht zuerst auf die Welt! Fang auch nicht zuerst mit den Problemen an und mit dem Übel! Das führt
zu nichts! Sieh **zuerst** auf **Gott** und auf **Gottes** Heilsplan!
Also: Gottes Heilsplan und - in seinem Licht! - die Unordnung und die Neuordnung der Welt! Einige nannten das
Karls **kopernikanische Wende**.

Statt **Gott** um die Menschen kreisen zu lassen, versuchte Karl zu zeigen, wie wichtig es ist, dass die Menschen und ihre Welt um **Gott** kreisen oder, genauer, sich immer wieder **zuerst** auf **Gott** konzentrieren.

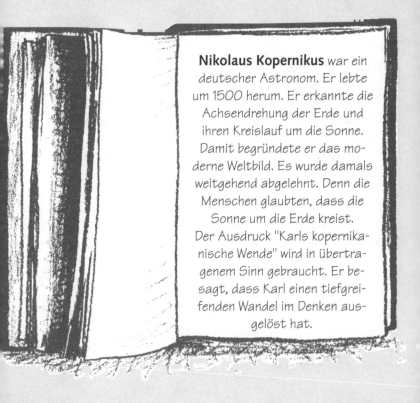

Nikolaus Kopernikus war ein deutscher Astronom. Er lebte um 1500 herum. Er erkannte die Achsendrehung der Erde und ihren Kreislauf um die Sonne. Damit begründete er das moderne Weltbild. Es wurde damals weitgehend abgelehnt. Denn die Menschen glaubten, dass die Sonne um die Erde kreist.
Der Ausdruck "Karls kopernikanische Wende" wird in übertragenem Sinn gebraucht. Er besagt, dass Karl einen tiefgreifenden Wandel im Denken ausgelöst hat.

Viele Leute werden ruhig und friedlich, wenn sie alt werden. Nicht so Karl. In mancher Hinsicht wurde er sogar im Alter immer rebellischer. Er schrieb und argumentierte gegen die deutsche *Aufrüstung*. Er protestierte gegen viele andere gesellschaftliche und politische Entwicklungen. Er kritisierte auch den so genannten **Kalten Krieg** gegen den Kommunismus.

Er warnte vor hysterischer Angst vor den Kommunisten. Das war natürlich höchst unpopulär. Karl kritisierte auch die Menschen, die das Christsein nur auf die ganz persönlich gelebte Frömmigkeit konzentrieren wollten und mit Gemeinde und Kirche gar nichts im Sinn hatten. Viele Leute hörten das nicht gern. Er wandte sich gegen diejenigen, die behaupteten, ein Christ habe sich als Christ nicht in öffentliche Angelegenheiten einzumischen. Schon gar nicht in die Politik. Auch diese Äußerungen stießen auf wenig Gegenliebe.

Mit dem Ausdruck **Kalter Krieg** wird das Spannungsverhältnis zwischen den kapitalistischen Westmächten (USA, England, Frankreich usw.) und den sozialistischen Staaten des Ostblocks (ehemalige Sowjetunion, Polen, Ungarn usw.) bezeichnet, zu dem es nach der Neuordnung und Teilung Deutschlands nach dessen Niederlage im Zweiten Weltkrieg kam.

Als Karl achtzig war, veröffentlichte er ein Buch, das unter anderem gegen die Kindertaufe gerichtet war. Manche stimmten seiner Kritik an der Kindertaufe zu, viele aber nicht. Ob er sich in dieser Frage richtig entschieden hat, sei dahingestellt. Auf jeden Fall aber reizte er mit seiner rebellischen Haltung zum Nachdenken und zu Auseinandersetzungen, die den Menschen halfen. Sie halfen ihnen, ihre Gedanken über **Gott**, die Kirche, den Glauben, die Taufe und viele andere Fragen zu klären.

54 Im Alter fand Karl schließlich auch etwas mehr Zeit für seine Familie und seine Freunde. Er spielte Schach mit seinen Enkeln. Er besuchte Lollo regelmäßig, die sehr krank in einem Heim lebte. Er schloss Freundschaft mit einem Schweizer Dichter, der auch Karl hieß, aber mit "C" geschrieben wurde: Carl Zuckmayer. Carl hatte ein wunderbares Theaterstück geschrieben, das auch verfilmt wurde: "Der Hauptmann von Köpenick". Es handelt von einem armen Deutschen, der keinen Pass bekommt, weil er keine Wohnung hat, und der keine Wohnung bekommt, weil er keine Arbeit hat, und der keine Arbeit bekommt, weil er keinen Pass hat. Schließlich besorgt er sich in einem Trödelladen eine Uniform. Damals standen Uniformen in Deutschland hoch im Kurs, besonders wenn es um höhere militärische Ränge ging. Der arme Kerl zieht also diese Uniform an, die ihn als Hauptmann ausweist, kommandiert eine Abteilung Soldaten ab und geht mit ihnen in das Köpenicker Rathaus bei Berlin - um sich einen Pass zu beschaffen. Doch leider gibt es dort keine Passabteilung ... Es ist ein bewegendes Stück. Sehr traurig und sehr lustig zugleich. Karl gefiel dieses Stück sehr.

Karl fand auch mehr Zeit, Mozart zu hören, den er schon seit seinem fünften Lebensjahr verehrt und bewundert hatte. Nelly sorgte dafür, dass er jeden Morgen mit Mo-

zart-Musik geweckt wurde.
Mit Musik von diesen
großen, schwarzen Schall-
platten, die so leicht Krat-
zer bekamen. Vermutlich
ahnt ihr schon, dass Karl
auch ein kleines Buch über
Mozart geschrieben hat. Auch
die Briefe, die Karl und Carl aus-
tauschten, wurden als Buch veröffentlicht.

55

Ihr wundert euch vielleicht darüber, dass Karl mit seinen
Freunden in so regem Briefwechsel stand. Das liegt daran,
dass man damals noch nicht so viel telefonierte. Für uns
ist das günstig, denn durch diese Quellen wissen wir, wo-
mit sich Karl immer gerade beschäftigte!

*Szenenfoto aus dem Film "Der Hauptmann von Köpenick"
mit Heinz Rühmann, 1958*

56 Wie ihr euch vorstellen könnt, bekam Karl nicht nur Besuch von Verwandten und Freunden. Auch seine ehemaligen Studenten, die inzwischen Pfarrer, Lehrer, Kirchenführer und Professoren waren, besuchten ihn und führten lange Gespräche mit ihm. Und weil seine Theologie auf der ganzen Welt begeisterte Anhänger gefunden hatte, kamen viele Gäste aus dem Ausland zu ihm. Karl freute sich über diese Besucher, wenn sie ernste Fragen hatten und ernstes Interesse an der Theologie zeigten. Aber er wurde wütend, wenn sich herausstellte, dass sie nur als Touristen kamen, um den großen alten und berühmten Professor zu sehen und um ein Foto zu machen, das sie zu Hause herumzeigen konnten.

"Geht in den Basler Zoo und macht ein Bild vom Nas-
horn!", pflegte er dann zu sagen. Er wollte einfach keine
Kultfigur werden. Die Menschen sollten ja nicht andere
Menschen erheben, sondern auf Jesus Christus blicken!

58 Nachdem Karl über 75 Jahre alt geworden war und nicht mehr so viel schreiben konnte, fand er mehr Zeit zu reisen. 1962 besuchte er die USA. An vielen Universitäten und theolo-

Probeschuß mit einem Gewehr aus dem amerikanischen Bürgerkrieg auf dem Schlachtfeld von Gettysburg (Mai 1962)

gischen Ausbildungsstätten, den "Seminaries", hielt er Vorlesungen. Die Amerikaner wunderten sich sehr über Karls großes Interesse am amerikanischen **Bürgerkrieg** im 19. Jahrhundert. Karl interessierte sich stark für die damaligen Kriegsschauplätze und sogar für den typischen Kriegsruf.

Karl war im Alter also immer noch ein bisschen wie Karli, der gern mit Soldaten spielte und alle möglichen Kriegsgeschichten und Kriegsspiele liebte. Aber der eigentliche Grund für sein großes Interesse lag tiefer. Karl, der all die bitteren Erfahrungen mit Hitler und den Nazis hinter sich hatte, war besonders interessiert am Kampf für Freiheit, an jedem Befreiungskampf, der auf dieser kleinen Erde stattgefunden hatte.

Der **amerikanische Bürgerkrieg**, der Civil War, wird auch **Sezessionskrieg** genannt, weil die Südstaaten der USA von den Nordstaaten abfielen (Sezession bedeutet Absonderung, Abfall). Er fand von 1861 bis 1865 statt. Die Nordstaaten kämpften gegen die Südstaaten. Die Frage, ob Leute Sklaven halten konnten, wie es besonders im Süden für die Arbeit auf den Baumwollfeldern üblich war, stand bei diesem Krieg im Mittelpunkt. Gott sei Dank siegte der Norden, der die Sklaverei abschaffen wollte.

Häretiker sind Leute, die behaupten, den richtigen Glauben zu haben, die aber tatsächlich den wahren Glauben an Gott zerstören, zum Beispiel weil sie zu stark an menschliche Autorität glauben.

Als Karl schon fast 80 Jahre alt war, reiste er nach Rom und besuchte den Papst im Vatikan. Er redete mit dem Papst und versuchte ihn von seiner Theologie zu überzeugen. Offensichtlich ohne Erfolg, denn die römisch-katholische Kirche ist immer noch die römisch-katholische Kirche und nicht die Kirche, die Karl im Sinn hatte. Später sandte der Papst Karl einen Brief, und Karl schrieb zurück mit Vorschlägen, wie die römisch-katholische Kirche verbessert werden könne. Leider antwortete der Papst darauf nicht. Er beauftragte vielmehr einen Kardinal, Karls Brief zu beantworten. Da hörte auch Karl auf, dem Papst Briefe zu senden. Statt dessen schrieb er - wie könnte es anders sein! - ein kleines Buch über seinen Ausflug nach Italien und in den Vatikan. In dem Büchlein urteilt er weniger scharf über die katholischen Theologen, die er in seinen jungen wilden Tagen **Häretiker** genannt hatte.

In seinem letzten Lebensjahr wurde Karl ein paarmal krank und musste auch einmal ganz schnell ins Krankenhaus gebracht werden. Er war froh, als er wieder an seinen Schreibtisch zurückkehren konnte. Am Abend des letzten Tages seines Lebens telefonierte er mit seinem alten Freund Eduard. Es war die Rede davon, dass die Welt düster sei. Karl gab sich jedoch diesem Gedanken nicht hin. Er sagte: "Aber nur ja die Ohren nicht hängen lassen! Nie! Denn - 'Es wird regiert'!" Nicht nur in Moskau oder in Washington oder in Peking. Es wird regiert.
Gott regiert.

Bis zum 9. Dezember 1968 lebte Karl auf dieser kleinen Welt. Er lebt weiter im Vorbild seiner tapferen Persönlichkeit und in seiner großen Theologie.

Die Deutsche Bibliothek – CIP-Einheitsaufnahme

Welker, Ulrike:
Karl Barth entdecken / Ulrike Welker. - Neukirchen Vluyn :
Neukirchener Verl.-Haus, 2000
  (Genies für junge Leute)
  ISBN 3-7975-0005-X

Fotonachweis
Titel (kleines Foto): Karl Barth Archiv, Basel; **S. 4:** Eberhard Busch, Karl Barths
Lebenslauf. München: Christian Kaiser Verlag 1975, S. 7; **S. 5:** Archiv für Kunst
und Geschichte, Berlin; **S. 6 oben:** Busch, a.a.O., S. 34; **S. 6 Mitte und unten:**
Karl Barth Archiv, Basel; **S. 7:** Karl Barth Archiv, Basel; **S. 13:** Busch, a.a.O., S. 36;
S. 17: Karl Barth Archiv, Basel; **S. 20:** Karl Barth Archiv, Basel; **S. 22f:** Karl Barth
Archiv, Basel; **S. 24:** Archiv für Kunst und Geschichte, Berlin; **S. 28:** Busch,
a.a.O., S. 251; **S. 29:** Archiv für Kunst und Geschichte, Berlin; **S. 32:** Busch,
a.a.O., S. 172; **S. 35:** Archiv für Kunst und Geschichte, Berlin; **S. 39:** Busch,
a.a.O., S. 251; **S. 41:** Karl Barth Archiv, Basel; **S. 43:** Busch, a.a.O., S. 496; **S.
46f:** Archiv für Kunst und Geschichte, Berlin; **S. 55:** Archiv für Kunst und Geschichte, Berlin; **S. 58:** Busch, a.a.O., S. 468; **S. 61:** Karl Barth Archiv, Basel.
Trotz intensiver Bemühungen war es leider nicht in allen Fällen möglich, den je-
weiligen Rechtsinhaber der abgedruckten Fotos ausfindig zu machen. Für Hin-
weise ist der Verlag dankbar. Rechtsansprüche bleiben gewahrt.

Impressum
© 2000 Neukirchener Verlagshaus
Verlagsgesellschaft des Erziehungsvereins mbH, Neukirchen-Vluyn
Gesamtgestaltung: Linda Opgen-Rhein, Dortmund
Satz: Linda Opgen-Rhein, Dortmund
Druck: Breklumer Druckerei Manfred Siegel KG
Printed in Germany
ISBN 3-7975-0005-X

Gleichzeitig erscheint:

Ulrike Welker,
Pablo. Picasso entdecken

In Vorbereitung sind:

Dietrich. Bonhoeffer entdecken
Albert. Einstein entdecken
Marie. Mme. Curie entdecken
Martin. Luther King entdecken